BEI GRIN MACHT SICH IHR WISSEN BEZAHLT

- Wir veröffentlichen Ihre Hausarbeit, Bachelor- und Masterarbeit

- Ihr eigenes eBook und Buch - weltweit in allen wichtigen Shops

- Verdienen Sie an jedem Verkauf

Jetzt bei www.GRIN.com hochladen und kostenlos publizieren

Individuelles Krafttrainingskonzept für Senioren anhand von Eigengewichtsübungen

Studienarbeit Fitnesstrainer B-Lizenz

Kathy Kreuzberg

Bibliografische Information der Deutschen Nationalbibliothek:

Die Deutsche Nationalbibliothek verzeichnet diese Publikation in der Deutschen Nationalbibliografie; detaillierte bibliografische Daten sind im Internet über http://dnb.d-nb.de abrufbar.

ISBN: 9783346374226
Dieses Buch ist auch als E-Book erhältlich.

© GRIN Publishing GmbH
Nymphenburger Straße 86
80636 München

Alle Rechte vorbehalten

Druck und Bindung: Books on Demand GmbH, Norderstedt Germany
Gedruckt auf säurefreiem Papier aus verantwortungsvollen Quellen

Das vorliegende Werk wurde sorgfältig erarbeitet. Dennoch übernehmen Autoren und Verlag für die Richtigkeit von Angaben, Hinweisen, Links und Ratschlägen sowie eventuelle Druckfehler keine Haftung.

Das Buch bei GRIN: https://www.grin.com/document/998075

Studienarbeit Fitnesstrainer B-Lizenz

Individuelles Krafttrainingskonzept für Senioren anhand von Eigengewichtsübungen

Erstellt von:

Kathy Kreuzberg

Datum: 11. Februar 2021

INHALT

0. EINLEITUNG

Eigengewichtsübungen erfahren gesellschaftlich eine immer größere Beliebtheit, was m.E. auch auf den immer größeren Einfluss des funktionellen Trainings im sportiven Bereich zurückzuführen ist. Erlebte in den 1990ern das an Kraftmaschinen ausgeübte Bodybuilding einen Hype[1] – ausgelöst in den Jahren davor, u.a. durch die hohe Medienpräsenz bekannter Bodybuilder wie bspw. Arnold Schwarzenegger und die Professionalisierung dieses Sports –[2], so liegt der Fokus heutzutage vielfach auf Kraftübungsformen, die eine hohe Alltagsrelevanz aufweisen und im Sinn der individuellen Allgemeinfitness und Gesundheitserhaltung stehen.[3] Auch spielt die wachsende Ökonomisierung und Perfektionierung des individuellen Lebensstils eine große Rolle: Krafttraining ist nicht mehr ausschließlich an Fitnessstudios gebunden, Sportler[4] nutzen darüber hinaus die digitalen Angebote über das Internet und Smartphone-Apps und somit die Möglichkeiten des Eigentrainings zuhause, in der Stadt oder in der Natur. Kraftsport wird somit in das alltägliche Leben eingebunden und findet (ggf. zusätzlich zum Fitnessstudiotraining) in einer selbstgewählten Umgebung statt.

In der Tat lassen sich mit Eigengewichtsübungen gute Ergebnisse für Kraftausdauer und Muskelhypertrophie erzielen und dienen in diesem Sinne der Gesamtfitness und Krankheitsprophylaxe.

In vorliegender Arbeit wird dies am Beispiel eines 65-jährigen Mannes mit sportlicher Vita näher erläutert.

---

[1] Belege hierfür finden sich u.a. in Eigendarstellung mancher Fitnessstudios, z.B. https://ka2-fitness.de/ueber-uns/ 11.02.2021

[2] https://de.qaz.wiki/wiki/Bodybuilding#New_organizations. 11.02.2021

[3] https://www.ist-hochschule.de/blog/fitness-hype-geht-weiter/ 11.02.2021

[4] In dieser Arbeit wird durchgängig das generische Maskulinum verwendet, um den Lesefluss nicht zu stören. Natürlich sind aber alle Geschlechter gleichberechtigt gemeint.

1. ENTWICKLUNG UND DURCHFÜHRUNG DES TRAININGSKONZEPTES

1.1. Diagnose

Für eine professionelle, effiziente – und v.a. nicht organismusschädigende – Trainingsplanerstellung und –durchführung ist es wichtig zu wissen, welche Grundvoraussetzungen der jeweilige Sportler mitbringt. Hierfür ist in der Eingangsdiagnose das Erstellen einer Anamnese unerlässlich; sie gibt Aufschluss über potentiell relevante Informationen zur Person, die für den Trainer nicht eigenersichtlich sind wie bspw. medizinische Kontraindikationen, persönliche Ernährungsform, Alltagsbelastungen, etc. Eine zusätzliche Auswertung der biometrischen Daten des Sportlers erlauben dem Trainer eine grobe Einschätzung des Fitness-Levels, auf dem sich sein Klient vor Beginn des Trainings befindet. Motorische Tests im Anschluss verfeinern dieses Bild und sind wichtig für die Methoden- und Übungsauswahl, welche mit dem individuellen Trainingsplan festgelegt werden.

1.1.1. Anamnese

In dieser Arbeit geht es um die Entwicklung und Durchführung eines kraftbasierten Ganzkörpertrainings für einen 65-jährigen Mann, genannt Dirk Mustermann. Er war Zeit seines Lebens in seiner Freizeit sportlich aktiv, trainierte als Kind Judo, bevor er zum Karate überwechselte und später selbst Karate-Übungsleiter in einem Verein wurde. Seit einigen Jahren trainiert er allerdings seltener und nur moderat mit, da sein Fokus mittlerweile auf der Vereins- und Mitgliederorganisation liegt und er desweiteren familiär stark in die Enkelbetreuung involviert ist.

Der Sport diente ihm als Ausgleich zu seiner beruflichen Tätigkeit als Büroangestellter, die er bis zum Eintritt des Rentenalters vor ein paar Monaten ausgeübt hat. Seitdem hat seine körperliche Bewegung im Alltag durch den Wegfall des Arbeitsweges, welchen er bei gutem Wetter manchmal auch zu Fuß oder per Fahrrad zurücklegte, weiter abgenommen.

Pandemiebedingt[5] fallen auch die Karate-Einheiten im Verein seit Monaten weg. 2-3x pro Monat absolviert er ein leichtes, 30-minütiges Techniktraining im Park. Dirk Mustermann ernährt sich überwiegend fleisch-, fett- und zuckerreich. Er ist sich der Problematik dieser Ernährungsform bewusst, verweist aber auf seine guten halbjährlichen Blutuntersuchungsergebnisse und möchte an seiner Ernährung aktuell nichts ändern. Geraucht hat er nie, Alkohol nimmt er in als risikoarm eingestuften Maßen zu sich.[6]

Genügend Ruhezeit und ausreichend Schlaf – acht Stunden in der Nacht und eine Stunde am Tag zu streng festgelegten Zeiten – sind ihm wichtig.

Wie soeben angedeutet, befindet sich Dirk Mustermann in ärztlicher, dauernder Behandlung: Aufgrund seiner Hashimoto-Thyreoiditis nimmt er täglich L-Thyroxin und Vitamin D zu sich. Dies ist wichtig zu wissen, da die Einnahme dieses Hormons die Leistung des Herz-Kreislauf-Systems und die Muskelkraft negativ beeinflussen können. Laut Aussage des Klienten sei er aber medikamentös gut eingestellt und habe nur selten derartige Beschwerden. Weitere Medikamente nimmt er nicht.

In seiner Jugendzeit brach er sich die Ulna des linken Armes, außerdem ist ein Zeh (Os cuneiforme II rechts) aufgrund eines Kapselrisses im Vergleich zu den anderen Zehen verkürzt. Beides schränkt seiner Aussage nach seine alltägliche wie sportive Belastungsfähigkeit aber nicht ein.

Dirk Mustermann fühlt sich im Allgemeinen fit und gesund, klagt aber über temporäre Schwindelanfälle unklarer Genese, seit er in Rente ist, und leidet überdies an manchmal auftretenden Rückenschmerzen im Bereich der Lendenwirbelsäule. Er verspricht sich eine Verbesserung dieser Beschwerden durch moderates Krafttraining und möchte so außerdem die altersbedingte Muskelatrophie verlangsamen.

---

[5] Ab 2020 bis auf weiteres im Jahre 2021.

[6] Zur Einordnung d. Alkohol-Problematik vgl.: https://www.aerzteblatt.de/archiv/23208/Wie-viel-Alkohol-macht-krank-Traegt-Alkohol-zur-Gesundheit-bei 11.02.2021

1.1.2. Biometrische Daten

Wie eingangs erwähnt, ist die Erhebung und Auswertung der anthropometrischen und internistischen Daten nötig, um sich als Trainer ein erstes Bild vom allgemeinen Gesundheits- und Fitnesszustand seines Klienten machen zu können. Dirk Mustermann wiegt 66 kg bei einer Körpergröße von 1,68 m. Somit liegt sein BMI-Wert bei 23,38 und ist damit im oberen Bereich des Normalgewichts. Sein Taillenumfang beträgt 95 cm, sein Hüftumfang beträgt 99 cm. Sein WHtR-Wert liegt somit bei 0,57 und befindet sich damit in einem gesundheitlich unkritischen Bereich. Mustermanns WHR-Wert, der wie der WHtR-Wert eine Einschätzung zur Verteilung des Körperfetts erlaubt, aber einen größeren Spielraum für Messungenauigkeiten lässt, beträgt 0,95. Damit wird sein gesundheitliches Risiko für koronare Herzkrankheiten als gering eingeschätzt.

Exkurs BMI

Der Body-Mass-Index, kurz BMI, ermittelt die Körpermasse-Zahl zur Bewertung des Körpergewichts eines Menschen in Relation zu seiner Körpergröße. Er berechnet sich durch die Formel: Körpergewicht in kg durch Körpergröße in Meter im Quadrat, also kg/m². Ein BMI-Wert zwischen 18,5 und 24,5 wird als normalgewichtig und gesundheitsförderlich eingestuft. Liegen die errechneten Werte darunter oder darüber, so ist von Unter- bzw. Übergewicht die Rede.

Der BMI wird kontrovers diskutiert, „da er weder Statur und Geschlecht noch die individuelle Zusammensetzung der Körpermasse aus Fett- und Muskelgewebe eines Menschen berücksichtigt."[7] Er ist daher für manche Personengruppen, wie z.B. Kinder und sehr trainierte Sportler, nicht aussagekräftig.

Exkurs WHtR und WHR

Der Waist-to-Height-Ratio-Wert, kurz WHtR, erlaubt eine Aussage bezüglich der Körperfettverteilung anhand des Taillenumfangs in Relation zur Körpergröße. Er berechnet sich durch die Formel: Taillenumfang in cm durch Körpergröße in cm, also u/l (Umfang durch Länge). Je höher der Wert über 0,5 bei Jüngeren und 0,6 bei Älteren ist, desto größer ist das Risiko für koronare Herzkrankheiten, aber auch Schlaganfall und Krebs werden damit in Verbindung gebracht.

---

[7] https://de.wikipedia.org/wiki/Body-Mass-Index 11.02.2021

„Nicht zu verwechseln ist die WHtR mit der WHR (Taille-Hüft-Verhältnis, Waist-to-hip ratio), welche ursprünglich in erster Linie als körperästhetisches Maß eingeführt wurde, jedoch ebenfalls eine Abschätzung zur Verteilung des Körperfetts erlaubt."[8]

Man könnte also annehmen, dass Dirk Mustermann in einem guten Allgemeinzustand ist, allerdings decken seine biometrischen Messdaten auf, dass es um seine Fitness nicht ganz so gut bestellt ist: Seine Ruheherzfrequenz liegt bei 81 bpm[9], was deutlich über einem normalen durchschnittlichen Wert von 70-73 bpm für sein Geschlecht und Alter liegt[10]; er ist also in einem sehr schlecht trainierten Zustand, selbst wenn man die Auswirkungen seiner (gut eingestellten) L-Thyroxin-Einnahme berücksichtigt.

Sein Blutdruck ist mit 113/65 hingegen noch normal – da würde es erst ab einem Wert über 120/80 kritisch werden.[11]

Zusammenfassend betrachtet befindet sich Dirk Mustermann in einem guten Gesundheitszustand mit der Chance, seine Allgemeinfitness zu verbessern, um auch langfristig gesund zu bleiben.

Das von ihm anvisierte Krafttraining wird sich aufgrund der Trainingsbelastung auch positiv auf sein Herz-Kreislauf-System auswirken, sodass zu erwarten ist, dass sich nicht nur seine o.g. Beschwerden verbessern werden, sondern sich auch sein Ruhepuls mit der Zeit in einen gesünderen Rahmen bewegen wird. Dennoch ist ein zusätzliches Ausdauertraining ratsam, wird aber in dieser Arbeit nicht näher beschrieben.

---

[8] https://de.wikipedia.org/wiki/Waist-to-Height_Ratio 11.02.2021

[9] Bpm = beats per minute = Schläge pro Minute

[10] Vgl.: https://www.cardiosecur.com/de/ihr-herz/fachartikel-rund-um-das-herz/das-gesunde-herz 11.02.2021

[11] Vgl.: https://medizin.plus/wissen/blutdruck-normal#normalwerte 11.02.2021

1.1.3. Motorische Tests
1.1.3.1. Visueller Ersteindruck

Bevor Dirk Mustermann nach einer ca. 10-minütigen allgemeinen Aufwärmung motorische Tests zum Ermitteln seiner Kraft, Ausdauer, Beweglichkeit und Koordination durchläuft, die im weiteren Verlauf dieser Arbeit näher erläutert werden, ist es wichtig, sich als Trainer einen visuellen ersten Gesamteindruck seines Körpers zu machen. Das sollte unauffällig und unangekündigt z.B. im Rahmen des Erstgesprächs geschehen, da viele Klienten dazu neigen, sich bei Aufforderung besonders viel Mühe zu geben und dann z.B. bewusst gerade stehen oder sitzen, was hiernach keine große Aussagekraft für die alltägliche Körperhaltung und
-bewegung besitzt.

Bei Herrn Mustermann ist ein auffällig steifer Gang zu beobachten. Das Becken bewegt sich beim Gehen kaum, was auf einen verkürzten musculus psoas major hinweist. Dieser große Lendenmuskel bewirkt die Flexion im Hüftgelenk und ist außerdem für dessen Außenrotation zuständig. Desweiteren bewirkt er bei beidseitiger Anspannung die Inklination der Wirbelsäule.[12]

Im Sitzen neigt Herr Mustermann dazu, zusammenzufallen und einen Rundrücken zu machen. Da sein Hals bei Beugungen nur leicht schräg nach vorne geneigt ist, vermute ich, dass diese Körperhaltung trotz seiner langen sitzenden Berufstätigkeit noch nicht allzu lange ausgeprägt ist, bzw. bisher durch das Karate-Training kompensiert wurde. Durch den Wegfall des Trainings bei gleichzeitig bewegungsarmem Alltagsleben atrophiert nun die Rücken- und Abdominalmuskulatur allmählich; auch da wird sich ein Ganzkörperkrafttraining positiv auswirken.

1.1.3.2. Krafttestung mittels des Eigenkörpergewichts

Der eigene Körper ist ein hervorragendes Mittel, um herauszufinden, wie es um die individuelle Kraft eines Klienten bestellt ist.[13] Der Unterarmstütz, auch Plank genannt,

---

[12] https://de.wikipedia.org/wiki/Musculus_psoas_major 11.02.2021

[13] Man nennt dies auch Individuelles Leistungsbild, kurz ILB.

beansprucht eine Vielzahl von Muskeln, v.a. im Rumpfbereich. Er wird deswegen auch gerne im funktionellen Eigengewichtstraining verwendet, weswegen er im in Abschnitt 1.3 Trainingsplanung sowie im Übungskatalog dieser Arbeit näher erläutert werden wird.

Bei dieser Krafttestung ist zu berücksichtigen, dass bei Wiederholen der Übung mit anderen Ausführungsaufgaben die Muskulatur nach und nach ermüdet, was bei der Auswertung beachtet werden sollte.

Für die Bewertung der statischen und seitlichen Rumpfkraft bei dieser Übung gelten folgende Parameter[14]:

Unterarmstütz	Kraft gering ausgeprägt	Kraft gut ausgeprägt	Kraft hervorragend ausgeprägt
Auf beiden Armen und Beinen	Ausführung mit abgesetzten Knien oder normale Übungsausführung unter 30 s.	30-60 s	über 60 s
Ein Bein oben halten	Nicht möglich oder normale Übungsausführung unter 5 s	5-10 s	über 10 s
Arm und Bein diagonal oben halten	Nicht möglich oder normale Übungsausführung unter 5 s	5-10 s	über 10 s
Seitlicher Unterarmstütz statisch	Ausführung nicht möglich oder normale Übungsausführung unter 30 s	30-60 s	über 60 s
Seitlicher Unterarmstütz Arm und Bein oben halten	Nicht möglich oder normale Übungsausführung unter 5 s	5-10 s	über 10 s

---

[14] Abgeleitet vom erweiterten Anamnese-Bogen von Academy of Sports.

Bei Herrn Mustermann ergibt sich folgendes Bild:

Unterarm-Stütz	Kraft gering ausgeprägt	Kraft gut ausgeprägt	Kraft hervorragend ausgeprägt	Hinweise
Auf beiden Armen und Beinen	normale Übungsausführung 20 s			Arme und Beine bleiben stabil, Rumpf neigt zum Durchhängen
Ein Bein oben halten		8 s		Gut trainierter musculus gluteus maximus
Arm und Bein diagonal oben halten	Nicht möglich			Unsicheres Gefühl
Seitlicher Unterarmstütz statisch		40 s		Musculus obliquus externus abdominis gut ausgeprägt
Seitlicher Unterarmstütz Arm und Bein oben halten	Nicht möglich			Schnelle Beinmuskelermüdung und beginnende Schmerzen im Kniebereich

Da Dirk Mustermann in der Anamnese zeitweilige Rückenschmerzen im Lendenwirbelbereich angab, einen leichten Rundrücken beim Sitzen macht und der Rumpf beim Unterarmstütz zum Durchhängen neigte, lasse ich ihn zur Absicherung meiner Vermutung, dass v.a. der musculus latissimus dorsi und der musculus rectus abdominis sportive Aufmerksamkeit benötigen, eine leichte Übungsform der Reißkniebeuge durchführen.

Exkurs Reißkniebeuge

„Für diesen Test nimmt die zu testende Person einen Besenstiel oder eine leichte Hantelstange (maximal 1–2 kg) [...]. Die Hantelstange wird so weit gegriffen, dass bei nach oben ausgestreckten Armen ein Winkel von 90° zwischen beiden Armen gehalten wird. Die Füße werden ein bisschen weiter als schulterbreit auseinandergestellt. Die Fußspitzen zeigen leicht nach außen (30–40°). Nun soll sich die Testperson so weit in eine Kniebeuge begeben, bis die Oberschenkel parallel zum Boden stehen. Die Arme bleiben dabei durchgestreckt und sollten von der Seite aus betrachtet, senkrecht zum Boden stehen."[15]

Bei Herrn Mustermann zeigt sich ein deutliches Nach-vorne-Neigen des Oberkörpers, da er im Lendenwirbelbereich instabil ist. Ansonsten sieht die Übung gut aus: Es ist keine Fehlstellung der Knie sichtbar, auch heben sich die Fersen nicht vom Boden ab.

1.1.3.3. Harvard-Step-Test

Zur Bewertung der Ausdauer des Herrn Mustermann ziehe ich den Harvard-Step-Test heran. Hierbei hat er die Aufgabe, mehrmals auf einen umgedrehten etwa 30 cm hohen Bierkasten zu steigen und dann wieder hinunter. „Dabei wird zunächst ein Fuß hoch gestellt, dann der zweite (beide Beine vollkommen gestreckt) und das Gleiche einbeinig rückwärts. Eine Wiederholung sollte in etwa zwei Sekunden in Anspruch nehmen. Wichtig ist ein guter Rhythmus. Nach drei Minuten wird die Herzfrequenz gemessen."[16]

Der Puls von Dirk Mustermann liegt nach Beendigung dieses Tests bei 140 bpm. Dieser Wert liegt wesentlich höher als der bei guter Ausdauerleistung geltende Bereich von 96-109 bpm.[17]

Für den Kraftsport ist dies insofern von Bedeutung, als auch dieses Training Ausdauerressourcen des Klienten in Anspruch nimmt, der Trainer also bei der Erstellung des Trainingsplans anfangs mit geringen Wiederholungsbelastungen arbeiten sollte.

---

[15] Lehrskript 4. Praxis der Trainingslehre. von Academy of Sports. S. 123

[16] https://www.academyofsports.de/de/lexikon/step-test/ 11.02.2021 und vgl.: https://www.uni-kassel.de/fb05/fileadmin/datas/fb05/Institut_Sportwissenschaften/AB_Training_und_Bewegung/Studie nwerkstatt/StudienwerkstattBewegungsanalyse_Uni_Kassel_Harvard_Step_Test.pdf 11.02.2021

[17] Ebd.

1.1.3.4. Beweglichkeitstests

Da bei Kraftübungen die Range of Motion, kurz ROM, also der Bewegungsradius der Gelenke möglichst ausgeschöpft werden sollte, ist eine Einschätzung der allgemeinen Beweglichkeit vor Trainingsplanerstellung sinnvoll.

Wie eingangs erwähnt, neigt Herr Mustermann zu einem steifen Gang; die Beweglichkeit der Hüfte sollte somit eingeschränkt sein. Um genauer festzustellen, wie es um die Beweglichkeit des übrigen Körpers bestellt ist, stehen eine Reihe von Übungen zur Verfügung, die nach einer Aufwärmphase rückenschonend ausgeführt werden können.

Testübungen	Ausführung	Bewertung
Brustmuskulatur		❑ Gut = Arm unter Tischhöhe ❑ Durchschnitt = Arm auf Tischhöhe ❑ Schlecht = Arm über Tischhöhe
Hüftbeugemuskulatur		❑ Gut = 0° bis 10° unter der Körperlängsachse ❑ Durchschnitt = 0° bis -10° zur Körperlängsachse ❑ Schlecht = größer -10° zur Körperlängsachse
Oberschenkelvorderseite		❑ Gut = <90° Beugung im Kniegelenk ❑ Durchschnitt = 90° Beugung im Kniegelenk ❑ Schlecht = >90° Beugung im Kniegelenk
Oberschenkelrückseite		❑ Gut = >90° Beugung im Hüftgelenk ❑ Durchschnitt = 80-90° Beugung im Hüftgelenk ❑ Schlecht = <80° Beugung im Hüftgelenk
Wadenmuskulatur		❑ Gut = Hockstellung ohne Abheben der Fersen ❑ Schlecht = Hockstellung nur mit Abheben der Fersen

Beweglichkeitstestübungen und deren Bewertungsparameter, zusammengestellt im erweiterten Anamnesebogen von *Academy of Sports*.

Dirk Mustermann erzielte folgende Resultate:

Testübung	Bewertung
Brustmuskulatur	Rechter Arm = durchschnittlich
	Linker Arm = deutlich schlecht
Hüftbeugemuskulatur	schlecht
Oberschenkelvorderseite	gut
Oberschenkelrückseite	schlecht
Wadenmuskulatur	Nicht durchführbar wg. schlechter
	Hüftbeugemuskulatur

Die Auswertung zeigt ein eher bewegungsreduziertes Bild. Für die Krafttrainingsplanung ist dies wichtig zu beachten, da vermutlich nicht jede Technik im vollen ROM ausgeführt werden kann. Außerdem wird ein zusätzliches Dehnen der zu trainierenden Muskeln sinnvoll sein.

Die schlechten Ergebnisse für die Hüftbeugemuskulatur überraschen nicht, sieht man sich den bisherigen Diagnoseverlauf an. Auffällig ist jedoch die Dysbalance der Armbeweglichkeit bei der ersten Aufgabe. Da auch die laterale Bewegung des linken Armes eingeschränkt ist, empfehle ich Dirk Mustermann die Vorstellung bei einem Sportarzt, um der Ursache auf den Grund zu gehen. Da die Stärkung der Rumpfmuskulatur zur Ganzkörperstabilisierung bei seinem Training erst einmal Vorrang haben wird, hat er genügend Zeit dafür und muss den Trainingsbeginn nicht nach hinten schieben, was seiner Motivation zuwider liefe. Voraussetzung ist allerdings, dass sich seine Bewegungseinschränkung während des Trainings nicht verschlechtert.

1.1.3.5. Koordinationstest

„Die Koordination zählt häufig zu jenen Fähigkeiten, die im Alter nachlassen und so den Alltag der Betroffenen erschweren."[18] Da Herr Mustermann, wie anfangs beschrieben, jahrzehntelang Karate betreibt und dies ein koordinativ recht

---

[18] https://www.cognifit.com/de/koordination 11.02.2021

anspruchsvoller Sport ist, ist zu erwarten, dass ihm folgende Gleichgewichtsübung keine große Schwierigkeiten bereiten wird:

Testübungen		Bewertung
Gleichgewicht		❑ Beidbeiniger Stand, Augen geschl. ❑ Stand auf einem Bein, Augen offen ❑ Stand auf einem Bein, Augen geschl. ❑ Zehenstand, einbeinig, Augen offen ❑ Zehenstand, einbeinig, Augen geschl.

Koordinationstestübung mit aufbauender Schwierigkeitsstufe und deren Bewertungsparameter, zusammengestellt im erweiterten Anamnesebogen von *Academy of Sports*. Bei der Bewertung gilt: „Jede Stufe muss für mindestens 10 Sekunden gehalten werden können, um erfolgreich gelöst worden zu sein (vgl. Verdonck et al. 2010)."[19]

Erwartungsgemäß schnitt Dirk Mustermann hierbei in allen Schwierigkeitsstufen hervorragend ab.

Von der Testung weiterer Koordinationsfähigkeiten[20] sehe ich an dieser Stelle aufgrund der vorliegenden sportlichen Voraussetzung und der sehr guten Ergebnisse des Gleichgewichtstests ab. Eingeschobene Koordinationsübungen für den Fall, dass eine Kraftübung später nicht korrekt ausgeführt werden kann, bleiben hiervon natürlich unberührt.

1.2. Zielsetzung

Für den Klienten nachvollziehbare und v.a. realistische Zielsetzungen spielen nicht nur bei der Trainingsplanung eine Rolle, sie sind auch ein großer Motivator innerhalb

---

[19] Erweiterter Anamnesebogen von Academy of Sports.

[20] Rhythmisierungsfähigkeit, Reaktionsfähigkeit, Umstellungsfähigkeit, Orientierungsfähigkeit, Differenzierungsfähigkeit und Kopplungsfähigkeit.

des Trainings und geben eine gute Orientierung über die erbrachte Leistung innerhalb einer bestimmten Zeitspanne.

Wie bereits anfangs erwähnt, besteht das Hauptziel Herrn Mustermanns darin, mittels eines Ganzkörperkrafttrainings seinen Rückenbeschwerden entgegenzuwirken und dem altersbedingten Muskelabbau weiter vorzubeugen, eine wichtige Voraussetzung, um bis ins sehr hohe Alter selbstständig und gesund zu bleiben. Außerdem verspricht sich Herr Mustermann eine Stärkung seines Herz-Kreislauf-Systems durch den Sport. Nach Besprechung der Anamnese und Auswertung der motorischen Tests kommen auch Wünsche zu verbesserter Beweglichkeit und Ausdauer ins Spiel, die aber in dieser Arbeit nur peripher behandelt werden.

Innerhalb von sechs Monaten lassen sich diese Hauptziele erfahrungsgemäß gut erreichen, vorausgesetzt, Dirk Mustermann trainiert regelmäßig und gewissenhaft nach dem für ihn erstellten Plan und die Bewegungseinschränkungen in seiner linken Schulter werden medizinisch abgeklärt und eine Behandlung eingeleitet.

Mittelfristige Ziele, die nach ein paar Wochen erreicht werden können, sind in zeitlicher Abfolge:

- Stabilisierung der Rumpfmuskulatur[21] innerhalb von 2 Monaten
- Stärkung der Beinmuskulatur mit zusätzlichem Fokus auf Bewegungstraining für die Hüfte; ebenfalls zwei Monate[22]
- Zusätzliche Kräftigung der Arm- und Brustmuskulatur

Um die intermuskuläre Koordination zu schulen, sind zwischendurch, aber vor allem gegen Ende des sechsmonatlichen Trainingszyklus Übungen sinnvoll, die vielfältige Muskelgruppen gleichzeitig ansprechen. Hier sind Variationen des eingangs erwähnten Unterarmstützes in verschiedenen Schwierigkeitsstufen zu nennen. Vernünftig integriert können diese Übungen wie ein roter Faden im Trainingsplan des Herrn Mustermann fungieren und ihm eine Rückmeldung zu seinem Leistungsstand

---

[21] Da ein stabiler Rumpf Voraussetzung für sehr viele Kraftübungstechniken ist und Herr Mustermann in den Eingangstests hier große Schwächen aufzeigte, liegt hierauf die oberste Priorität.

[22] Hierbei sei erwähnt, dass natürlich weiterhin Rumpfmuskulaturübungen ausgeführt werden, um die erworbene Rumpfstabilität nicht wieder zu verlieren.

geben. Das erhält eventuell seinen Ehrgeiz und seine Motivation, wenn er mal keine Lust auf ein Training haben sollte.

Kurzfristig erreichbare Ziele, sog. Feinstziele, sind sicherlich von Trainingseinheit zu Trainingseinheit unterschiedlich und orientieren sich am aktuellen Zustand des Klienten und des konkreten Trainingsplans. Grob betrachtet gliedert sich eine Trainingseinheit in eine allgemeine Aufwärmung, die Herr Mustermann auf dem Heimtrainer absolvieren möchte. Die darauf folgende spezielle Erwärmung geht nahtlos in das Beweglichkeitstraining über, wobei auch schon die im Hauptteil zu belastenden Muskelgruppen ins Spiel kommen. Nach dem Krafttraining, welches im Mittelpunkt der Sporteinheit steht, möchte ich Herrn Mustermann dazu motivieren, zum Abwärmen zu laufen und dies – je nach Erschöpfungszustand – auch etwas länger als 10min. Das hätte nicht nur positive Auswirkungen auf die Regeneration, er schult damit auch seine Hüftbeweglichkeit und seine Ausdauer.

1.3. Trainingsplanung

Nun sind die Vorbereitungen für die Erstellung eines individuellen Trainingsplans für Dirk Mustermann abgeschlossen. Bei der jetzt folgenden Konkretisierung sollte dieser unbedingt anwesend sein. Zum einen versteht sich ein professioneller Trainer immer als Partner seines Klienten und versteht den Trainingsplan nicht als eine Art Anweisung von oben, sondern lässt die Meinung des Klienten mit einfließen, ohne seine Fachkenntnis jedoch zu untergraben; zum anderen wird der Trainingsplan so durch Dirk Mustermann verständlich nachvollziehbar, was sich nicht nur vertrauensfördernd auswirkt, sondern auch im Falle eines Motivationseinbruchs stabilisierend wirken kann.

1.3.1. Periodisierung und Methodenauswahl

In Zusammenarbeit mit Herrn Mustermann wird nun ein Trainingsplan über sechs Monate erstellt.[23] Da die Stabilisierung des Rumpfes Grundvoraussetzung für ein weiteres Ganzkörperkrafttraining ist, aber ihm eine Sporteinheit von nur ein paar

---

[23] Makrozyklus.

Minuten pro Woche zu wenig ist, konzentrieren wir uns in der ersten Zeit zusätzlich auf seine Beweglichkeit und Ausdauer. Nach zwei Monaten nimmt der Kraftsportanteil dann kontinuierlich zu und wird in den letzten zwei Monaten durch weitere, komplexere Übungen ergänzt.[24] Dirk Mustermann möchte zwei Mal pro Woche jeweils vormittags für 45-60min trainieren.[25] Das Training wird immer von einem Trainer begleitet und findet als personal training, d.h. zu zweit statt. Die sportlichen Anforderungen werden behutsam, aber kontinuierlich gesteigert; sobald Herr Mustermann schmerzfrei ist, können Tempo und Intensität der Belastung angezogen werden.

1.3.2. Übungsauswahl und Trainingsübersicht

Im Folgenden sind die Trainingszyklen tabellarisch exemplarisch aufgeschlüsselt. Die einzelnen Kraftübungen sind im Übungskatalog im Anhang dieser Arbeit genauer aufgeführt.[26] Hinsichtlich der Auswahl und Ausübung derer ist es unerlässlich, mit leichten, einfachen und eher bekannten Übungen zu beginnen und diese dann nach und nach auszubauen. Außerdem ist zu beachten, dass sie eine für Dirk Mustermann hohe Alltagsrelevanz aufweisen. Die Steigerung der Rumpfstabilität beispielsweise wird mit vermehrter Schmerzfreiheit einhergehen und damit alltägliche Bewegungen leichter machen; auch dient sie der Krankheitsprophylaxe. Solche Zielstellungen gehören – wie übrigens die meistens Eigengewichtsübungen – zum Bereich des funktionellen Trainings.

Exkurs Funktionelles Training

„Legt man den Begriff funktional zugrunde, so kann man ableiten, dass das funktionelle Training eine bestimmte Funktion erfüllen soll. Diese Funktion kann sich beziehen auf: sportartspezifische Bewegungen, alltägliche Bewegungen, ganzheitliche, komplexe Bewegungen.

Dementsprechend wird im Rahmen Ihrer Ausbildung Folgendes definiert: Funktionelles Training hat das Ziel, alltägliche, sportartspezifische oder ganzheitliche, komplexe

---

[24] Mesozyklen.

[25] Mikrozyklen.

[26] In Übereinstimmung mit der Aufgabenstellung sind nur die Kraftübungen im Übungskatalog genauer aufgeführt; Beweglichkeits- und Ausdauerübungen werden lediglich im Trainingsplan genannt.

Bewegungen zu trainieren. Das funktionelle Training beschreibt Bewegungen im Gegensatz zur klassischen Trainingslehre, bei der Bewegungen in einzelnen Gelenken betrachtet werden, als Bewegungen ganzer Muskel- und Gelenksysteme. Das bedeutet, dass die klassischen Bewegungen wie Flexion, Extension, Adduktion, Abduktion und Rotation nicht ausreichen, um die Gesamtheit der Bewegungen von Muskelketten zu beschreiben. Vielmehr werden Bewegungen als Zusammenspiel von Muskelketten oder Muskelschlingen beschrieben, welche auf ein optimales Zusammenspiel aller Kettenglieder angewiesen sind und dabei eine bestimmte Funktion erfüllen."[27]

---

[27] Lehrskript 4. Praxis der Trainingslehre. Academy of Sports. S. 111.

TRAININGSPLAN für Dirk Mustermann

Monate 1-2: Beweglichkeit, Rumpf & Ausdauer			Monate 2-4: + Beine und Hüfte			Monate 4-6: + Arme und Brust / Ganzkörper		
Heimtrainer	Moderat 60% Intensität	10min	Heimtrainer	Moderat 60% Intensität	10min	Heimtrainer	Moderat 60% Intensität	10min
- Armkreisen - Knie kreisen -Waden dehnen durch Ausfallschritt - Hüftkreisen - Oberkörper nach re/link drehen - laterales Stretchen - auf allen Vieren: Katzenbuckel/Rücken gerade - Gedrehte Katze - im Liegen zusammenrollen und wieder in die Gerade - Auf dem Rücken angewinkelte Beine nach re und li drehen	Jede Übung langsam 10x ausführen, persönliche ROM ausschöpfen	10min	- Armkreisen - Knie kreisen - Hüftkreisen - Oberkörper nach re/link drehen - laterales Stretchen	Jede Übung langsam 10x ausführen, persönliche ROM ausschöpfen	5min	- Armkreisen - Knie kreisen - Hüftkreisen - Oberkörper nach re/link drehen - laterales Stretchen	Jede Übung langsam 10x ausführen, persönliche ROM ausschöpfen	10min
- Drücken & Ziehen mit Handtuch stehend	8x 3 Satz, TUT 3/1/4 60s Pausen	25min	Superman	5x 3 Satz, TUT 3/0/3 60s Pausen	30min	Superman	10x 3 Satz, TUT 3/0/3 60s Pausen	30min
- Rudern mit Handtuch	8x 3 Satz, TUT 3/1/4 60s Pausen		Po anheben im Liegen (Brücke)	10x 3 Satz TUT 3/2/3 60s Pausen		Po anheben im Liegen (Brücke), dabei Bein strecken	10x 3 Satz TUT 3/2/3 60s Pausen	
- Bauchpresse	5x 3 Satz TUT 3/1/4 60s Pausen		- Bauchpresse	10x 3 Satz TUT 3/1/4 60s Pausen		Bauchpresse	15x 3 Satz TUT 3/1/4 60s Pausen	
- Beinheben	5x 3 Satz, TUT 3/0/4 60s Pausen		- Beinheben	10x 3 Satz, TUT 3/0/4 60s Pausen		Russische Drehung	15x jede Seite, 1 Satz TUT 3/0/3 60s Pause	
-russische Drehung	10x jede Seite, 1 Satz TUT 3/0/3 120s Pause		-russische Drehung	15x jede Seite, 1 Satz TUT 3/0/3 60s Pause		Kniebeuge mit unten kurz halten	10x 3 Satz TUT 1/4/1	
			Wandsitzen	2x 20s 60s Pausen		Pinkelnder Hund	Jede Seite 5x 10s halten 60s Pausen	
- Unterarmstütz auf Knien → ab Monat 2 normal	20s 1 Satz Ab 2. Monat 30s 1 Satz		Pinkelnder Hund	Jede Seite 3x 10s halten 60s Pausen		Aus Liegestützposition in den Unterarmstütz, danach Übergang in seitl. Unterarmstütz re/li	Ganze Bewegung langsam innerhalb 60sek	
				120s Pause		Trizeps Dip	10x 3 Satz TUT 3/0/3	
			Unterarmstütz, Bein heben probieren	50s 1 Satz				
Lockeres Laufen	60% Intensität	10-15min	Lockeres Laufen	60% Intensität	10-15min	Lockeres Laufen	60% Intensität	10-15min

17

Aus den Übungen, die Dirk Mustermann nach und nach erlernt, kann er frei wählen; wichtig ist, dass jede zu trainierende Muskelgruppe Belastung erfährt und keine Dysbalancen auftreten. Die Übungen, aber v.a. die Leistungssteigerungsstufen müssen im Laufe der Zeit immer wieder überprüft und ggf. angepasst werden.

Nach einem Monat ist zu erwarten, dass sich die Beweglichkeit verbessert hat. Deswegen nimmt danach der Kraftübungsanteil zu.

Monat 1			Monat 2		
Heimtrainer	60% Intensität	10min	Heimtrainer	60% Intensität	10min
- Armkreisen - Knie kreisen - Waden dehnen durch Ausfallschritt - Hüftkreisen - Oberkörper nach re/link drehen - laterales Stretchen - auf allen Vieren: Katzenbuckel/Rücken gerade - Gedrehte Katze - im Liegen zusammenrollen und wieder in die Gerade - Auf dem Rücken angewinkelte Beine nach re und li drehen	Jede Übung langsam 10x ausführen, persönliche ROM ausschöpfen Leicht dehnen	25min	-Armkreisen -Knie kreisen -Hüftkreisen -Oberkörper nach re/link drehen -laterales Stretchen -auf allen Vieren: Katzenbuckel/Rücken gerade	Jede Übung langsam 10x ausführen, persönliche ROM ausschöpfen Leicht dehnen	10min
			- Rudern mit Handtuch	8x 3 Satz, TUT 3/1/4 60s Pausen	25min
			- Drücken & Ziehen mit Handtuch	8x 3 Satz, TUT 3/1/4 60s Pausen	
			- Bauchpresse	7x 3 Satz TUT 3/1/4 60s Pausen	
- Drücken & Ziehen mit Handtuch stehend	8x 3 Satz, TUT 3/1/4 60s Pausen	10min	- Beinheben	5x 3 Satz, TUT 3/0/4	

- Bauchpresse	5x 3 Satz TUT 3/1/4 60s Pausen				60s Pausen	
-russische Drehung mit abgesetzten Füßen	10x jede Seite, 1 Satz TUT 3/0/3 120s Pause		- Russische Drehung mit erhobenen Füßen	10x jede Seite, 1 Satz TUT 3/0/3 120s Pause		
			- Unterarmstütz	30s 1 Satz		
- Unterarmstütz auf Knien	20s 1 Satz		Lockeres Laufen	65% Intensität	15min	
Lockeres Laufen	65% Intensität	15min				

Innerhalb des ersten Monats liegt der Fokus noch sehr auf der Beweglichkeit, aber Kraftübungen gewinnen ab der dritten Woche schon an Bedeutung.

Woche 1 und 2			Woche 3 und 4		
Heimtrainer	60% Intensität	10min	Heimtrainer	60% Intensität	10min
- Armkreisen - Knie kreisen -Waden dehnen durch Ausfallschritt - Hüftkreisen - Oberkörper nach re/link drehen - laterales Stretchen - auf allen Vieren: Katzenbuckel/Rücken gerade - Gedrehte Katze - im Liegen zusammenrollen und wieder in die Gerade	Jede Übung langsam 10x ausführen, persönliche ROM ausschöpfen Leicht dehnen	25min	- Armkreisen - Knie kreisen -Waden dehnen durch Ausfallschritt - Hüftkreisen - Oberkörper nach re/link drehen - laterales Stretchen - auf allen Vieren: Katzenbuckel/Rücken gerade - Gedrehte Katze - im Liegen zusammenrollen und wieder in die Gerade	Jede Übung langsam 10x ausführen, persönliche ROM ausschöpfen Leicht dehnen	20min

- Auf dem Rücken angewinkelte Beine nach re und li drehen				- Auf dem Rücken angewinkelte Beine nach re und li drehen		
- Drücken & Ziehen mit Handtuch stehend	8x 3 Satz, TUT 3/1/4 60s Pausen	10min		- Drücken & Ziehen mit Handtuch stehend	12x 3 Satz, TUT 3/1/4 60s Pausen	20min
- Bauchpresse	5x 3 Satz TUT 3/1/4 60s Pausen			- Bauchpresse	8x 3 Satz TUT 3/1/4 60s Pausen	
-russische Drehung mit abgesetzten Füßen	10x jede Seite, 1 Satz TUT 3/0/3 120s Pause			-russische Drehung mit abgesetzten Füßen	20x jede Seite, 1 Satz TUT 3/0/3 120s Pause	
- Unterarmstütz auf Knien	20s 1 Satz			- Unterarmstütz auf Knien	30s 1 Satz	
Lockeres Laufen	65% Intensität	15min		Lockeres Laufen	65% Intensität	15min

Schaut man sich die erste Woche an, sieht man, dass Herr Mustermann hier die Vielzahl der Übungen kennenlernt. Der Fokus liegt auf der Beweglichkeit, Kraftübungen werden ihm vorgestellt, um dann in den folgenden Wochen und Monaten darauf aufzubauen.

Woche 1, Trainingstag 1				Woche 2, Trainingstag 2		
Heimtrainer	60% Intensität	10min		Heimtrainer	60% Intensität	10min
- Armkreisen - Knie kreisen -Waden dehnen	Jede Übung langsam 10x ausführen,	25min		- Armkreisen - Knie kreisen -Waden dehnen	Jede Übung langsam 10x	25min

durch Ausfallschritt	persönliche		durch Ausfallschritt	ausführen,	
- Hüftkreisen	ROM		- Hüftkreisen	persönliche	
- Oberkörper nach	ausschöpfen		- Oberkörper nach	ROM aus-	
re/li drehen			re/li drehen	schöpfen	
- laterales Stretchen	Leicht		- laterales Stretchen		
- auf allen Vieren:	dehnen		- auf allen Vieren:	Leicht	
Katzenbuckel/Rücke			Katzenbuckel/Rücke	dehnen	
n gerade			n gerade		
- Gedrehte Katze			- Gedrehte Katze		
- im Liegen			- im Liegen		
zusammenrollen und			zusammenrollen und		
wieder in die Gerade			wieder in die Gerade		
- Auf dem Rücken			- Auf dem Rücken		
angewinkelte Beine			angewinkelte Beine		
nach re und li drehen			nach re und li drehen		
- Drücken & Ziehen	8x 3 Satz,	10min	- Rudern mit	8x 3 Satz,	10min
mit Handtuch	TUT 3/1/4		Handtuch	TUT 3/1/4	
stehend	60s Pausen			60s Pausen	
- Bauchpresse	5x 3 Satz		- Bauchpresse	5x 3 Satz	
	TUT 3/1/4			TUT 3/1/4	
	60s Pausen			60s Pausen	
-russische Drehung	10x jede		- Beinheben	3x 3 Satz,	
mit abgesetzten	Seite, 1			TUT 3/0/4	
Füßen	Satz			60s Pausen	
	TUT 3/0/3				
	120s Pause		- Unterarmstütz auf	20s 1 Satz	
			Knien		
- Unterarmstütz auf	20s 1 Satz				
Knien					
Lockeres Laufen	65%	15min	Lockeres Laufen	65%	15min
	Intensität			Intensität	

1.4. Analyse

Nach zwei Monaten Training war Dirk Mustermann im Rückenbereich komplett beschwerdefrei und konnte seine Leistung schnell steigern. Seine Kreislaufbeschwerden wurden seltener. Die Bewegungseinschränkung der linken Schulter ist nachwievor in ärztlicher und physiotherapeutischer Behandlung.
Der visuelle Gesamteindruck zeigt ein deutlich verbessertes Haltungsbild. Insgesamt ist Dirk Mustermann zufrieden.

Um die Verbesserungen auch messbar zu machen, ist eine erneute Auswertung der biometrischen Daten notwendig, außerdem wird der Kraft-Test wiederholt.

1.4.1. Re-Messung biometrische Daten

Dirk Mustermann hat 2 kg zugenommen und wiegt damit nun 68 kg. Bei einer Körpergröße von 1,68 m beträgt sein BMI = 24,09. Er befindet sich damit weiterhin im oberen Bereich des Normalgewichts.
Sein Taillenumfang misst 91 cm, sein Hüftumfang 98 cm. WHtR-Wert ist somit von anfangs 0,57 auf 0,54 gesunken; der WHR-Wert beträgt nun nicht mehr 0,95, sondern 0,93.
Da Muskeln mehr wiegen als Fett und außerdem Wasser speichern, verwundert es nicht, dass der Klient zwar nun einen höheren BMI hat, aber dennoch an Körperumfang verloren hat.
Sein Ruhepuls hat sich von anfangs 81 bpm auf 75 bpm deutlich gesenkt. Den Einfluss seiner L-Thyroxin-Einnahme beachtend, liegt er damit nun in einem guten Bereich.
Dirk Mustermanns Blutdruck ist mit 110/65 nahezu unverändert (Ausgangswert: 113/65) und ist damit weiterhin normal.

1.4.2. Re-Test Kraft

Unterarm-Stütz	Kraft gering ausgeprägt	Kraft gut ausgeprägt	Kraft hervorragend ausgeprägt	Hinweise
Auf beiden Armen und Beinen	normale Übungsausführung 20 s		Über 30 s	Arme und Beine bleiben stabil, Rumpf neigt zum Durchhängen
Ein Bein oben halten		8 s	10 s	Gut trainierter m. gluteus maximus
Arm und Bein diagonal oben halten	Nicht möglich 2 s			
Seitlicher Unterarmstütz statisch		40 s 50 s		m. obliquus externus abdominis gut ausgeprägt
Seitlicher Unterarmstütz Arm und Bein oben halten	Nicht möglich 3 s			Schnelle Beinmuskelermüdung und beginnende Schmerzen im Kniebereich Unsicheres Gefühl

Grau dargestellt sind die Ausgangsdaten, schwarz die Messungen nach sechsmonatigem Training

Wie aus der Tabelle ersichtlich ist, gab es in allen Bereichen eine Leistungssteigerung. V.a. der Unterarmstütz auf beiden Armen und Beinen, der eine Vielzahl von Muskeln beansprucht, kann deutlich länger in einer stabilen Lage korrekt gehalten werden. Das spricht für eine gut ausgebildete Rumpfmuskulatur.

1.4.3. Ableitung für das weitere Training

Dirk Mustermann sollte das Training beibehalten und nunmehr an seiner seitlichen Muskulatur arbeiten. Auch sollte er das Karate-Training wieder intensivieren, um die aufgebaute Beweglichkeit und Ausdauerfähigkeit nicht wieder zu verlieren und um seine hervorragenden koordinativen Fähigkeiten beizubehalten.

Nach Abschluss seiner Physiotherapie aufgrund der Bewegungseinschränkung im linken Arm-/Schulterbereich können auch die Ganzkörperkraftübungen ergänzt werden. So kann er z.b. die Brauchpresse-Einheiten verstärken, indem er dabei beide Arme ausgestreckt über den Kopf hält; auch Liegestütze und der korrekt ausgeführte seitliche Unterarmstütz links sind dann möglich. Wünschenswert wäre auch die Ausführung mancher Kraftübungen auf anderen (instabilen) Untergründen, um die intermuskuläre Koordination weiter zu stärken.

2. ZUSAMMENFASSUNG

Wie in vorliegender Arbeit aufgezeigt wurde, eignet sich funktionelles Eigengewichtstraining auch für ältere Menschen sehr gut und kann entscheidend zur Gesunderhaltung des Körpers beitragen. Zwar sind die Leistungssteigerungen geringer als bei jüngeren Menschen ausgeprägt, aber doch spezifisch messbar. Alters- und alltagsbedingte Muskelatrophie und deren negative Folgen für den Organismus können so effektiv verhindert werden, auch schon aufgetretene Beschwerden verbessern sich oft merklich. Daraus ergibt sich eine höhere Lebensqualität und alltägliche Selbstständigkeit des Klienten, die bis ins hohe Alter andauern können.

3. KRAFTÜBUNGSKATALOG[28]

Drücken & Ziehen mit Handtuch, stehend

Übung zum Trainieren der Rücken- und Brustmuskulatur

Agonisten	*Synergisten*	*Antagonisten*	*Gelenkaktionen*
M. biceps brachii M. triceps brachii M. pectoralis major M. latissimus dorsi	M. flexor carpi radialis M. extensor carpi ulnaris M. trapezius M. teres major M. deltoideus	Da wechselseitige Übung, immer Gegenspieler d. ziehenden Muskels	Schultergelenke Ellenbogengelenke Handgelenke Facettengelenke

Ein Handtuch wird vor dem Körper parallel ausgestreckt und mit beiden Händen gehalten. Die Hände zeigen hierbei nach unten. Nun wird ein Arm seitlich neben den Brustkorb gezogen. Dadurch entsteht eine Spannung im Rücken. Der ziehende Arm geht nun zurück in die Streckung; erst danach wird der andere Arm Richtung Brustseite gezogen.

Ausgangsposition[29]	*Endposition[30]*	*Dehnübung[31]*

---

[28] Überwiegend übernommen von: https://fitnessuebungen-zuhause.de 11.02.2021

[29] https://fitnessuebungen-zuhause.de/druecken_ziehen_handtuch_stehend.html 11.02.2021

[30] Ebd.

[31] https://www.juhle.de/images/stories/aufwaermuebungen-fitness.jpg 11.02.2021

Rudern mit Handtuch, sitzend

Übung zum Trainieren der Rückenmuskulatur

Agonisten	*Synergisten*	*Antagonisten*	*Gelenkaktionen*
M. latissimus dorsi	M. biceps brachii M. flexor carpi radialis M. trapezius M. erector spinae M. teres major M. deltoideus M. quadriceps femoris M. biceps femoris	Abdominal- muskulatur	Schultergelenke Ellenbogengelenke Handgelenke Hüftgelenk Kniegelenk Facettengelenke

Der Sportler sitzt auf dem Boden und legt das Handtuch um beide Fußsohlen. Er zieht hierbei die Beine etwas an. Nun greift er das Handtuch an beiden Seiten und zieht es gegen den Widerstand seiner Beinmuskulatur Richtung Oberkörper, welcher die ganze Zeit gerade bleiben sollte. Intensität wird mittels der Beinmuskulatur bestimmt. In der Endposition sollten die Arme neben dem Körper sein und die Beine angewinkelt. Danach werden die Beine wieder ausgestreckt und die Übung beginnt von vorn.

Ausgangsposition[32]	*Endposition[33]*	*Dehnübung[34]*

---

[32] https://fitnessuebungen-zuhause.de/rudern_handtuch_sitzend.html 11.02.2021

[33] Ebd.

[34] https://fitnessuebungen-zuhause.de/latissimus_dehnen_zwei.html 11.02.2021

Bauchpresse

Übung zum Trainieren der geraden Bauchmuskulatur

Agonisten	*Synergisten*	*Antagonisten*	*Gelenkaktionen*
M. rectus abdominis	M. obliquus externus abdominis	M. latissimus dorsi	Kopfgelenk
			Schultergelenke
		M. trapezius	Facettengelenke

Der Sportler liegt flach auf dem Rücken, die Wirbelsäule bleibt während der gesamten Übung am Boden. Die Beine werden im 90°-Winkel aufgestellt. Die Hände werden an die Schläfen gehalten, die Ellenbogen zeigen nach außen. Nun werden Schultern und Kopf durch Aktivierung der Bauchmuskulatur leicht angehoben; der Nacken bleibt dabei möglichst entspannt. Die Position wird kurz gehalten, dann werden Schultern und Kopf wieder sanft abgelegt. Pressatmung vermeiden.

Ausgangsposition[35]	*Endposition*[36]	*Dehnübung*[37]

---

[35] https://fitnessuebungen-zuhause.de/bauchpresse_crunch.html 11.02.2021

[36] Ebd.

[37] https://www.nu3.de/blogs/fitness/bauchmuskeltraining 11.02.2021

Beinheben			
Übung zum Trainieren der geraden Bauchmuskulatur			
Agonisten	*Synergisten*	*Antagonisten*	*Gelenkaktionen*
M. rectus abdominis m. psoas major	M. obliquus externus abdominis	m. latissimus dorsi	Hüftgelenk

Der Sportler liegt auf dem Boden, seine Arme sind seitlich abgelegt. Die Wirbelsäule bleibt während der gesamten Übung am Boden. Beide Beine werden nun gleichzeitig nach oben geführt. Hohlkreuz und Schwung holen vermeiden. Danach werden die Beine wieder um Boden zurückgeführt.

Ausgangsposition[38]	*Endposition*[39]	*Dehnübung*[40]

[38] https://fitnessuebungen-zuhause.de/beinheben_liegend.html 11.02.2021

[39] Ebd.

[40] https://fitness-zwischendurch.de/bauchmuskeln-dehnen-dehnuebungen-koerpervorderseite/ 11.02.2021

Russische Drehung

Übung zum Trainieren der gesamten Bauchmuskulatur

Agonisten	*Synergisten*	*Antagonisten*	*Gelenkaktionen*
M. rectus abdominis M. obliquus externus abdominis M. psoas major	M. erector spinae	Hintere Beinmuskulatur	Hüftgelenk Facettengelenke

Der Sportler sitzt auf dem Boden und zieht die Beine in einem 90°-Winkel zu sich heran. Dann hebt er die Beine, während er sein Gewicht leicht nach hinten verlagert. Seine Arme sind ausgestreckt mit zusammengefalteten Händen über den Knien. Nun dreht er den Oberkörper langsam abwechselnd nach rechts und links, ohne die Beine mitzubewegen.

Ausgangsposition[41]	*Endposition[42]*	*Dehnübung[43]*

---

[41] https://fitnessuebungen-zuhause.de/russische_drehung_russian_twist.html 11.02.2021

[42] Ebd.

[43] http://fin.de/training/uebungen/dehnung-fuer-abduktoren-und-schraege-bauchmuskulatur/ 11.02.2021

Unterarmstütz

Übung zum Trainieren der Rumpfmuskulatur

Agonisten	Synergisten	Antagonisten	Gelenkaktionen
M. rectus abdominis M. obliquus externus abdominis M. psoas major M. biceps femoris M. biceps brachii M. triceps brachii	M. trapezius M. erector spinae M. quadriceps femoris M. Gluteus maximus	M. gastrocnemius	Armgelenke Hüftgelenk Facettengelenke

Der Sportler liegt bäuchlings auf dem Boden, seine Arme stützt er vor sich ab. Dann hebt er seinen Po hoch und stellt sich auf die Zehen, bis er in einer gerade Position ist. Diese wird für ein paar Sekunden gehalten. Das Becken darf nicht nach unten sinken oder der Po zu weit nach oben gestreckt werden. Der Schwierigkeitsgrad kann erhöht werden, indem der Sportler ein Bein/Arm hebt oder zwischendurch in den seitlichen Unterarmstütz übergeht.

Ausgangsposition[44]	Endposition[45]	Dehnübung[46]

---

[44] https://fitnessuebungen-zuhause.de/unterarmstuetz_plank.html 11.02.2021

[45] Ebd.

[46] https://www.mobilesport.ch/assets/lbwp-cdn/mobilesport/files/2013/05/Power-Yoga_41.jpg 11.02.2021

Wandsitzen

Übung zum Trainieren der Beinmuskulatur

Agonisten	Synergisten	Antagonisten	Gelenkaktionen
M. quadriceps femoris	M. erector spinae	M. triceps femoris	Hüftgelenk
	M. biceps femoris		Kniegelenke
M. Gluteus maximus	Adduktoren	Abdominal-muskulatur	

Der Sportler lehnt sich an eine Wand und stellt seine Füße hüftbreit etwas einen Schritt nach vorne. Dann senkt er den Oberkörper, bis in den Beinen ein 90°-Winkel erreicht ist und lehnt sich dabei an die Wand. Diese Position wird gehalten. Falls die Übung anfangs zu schwer ist, können die Hände auf den Oberschenkeln abgelegt werden.

Ausgangsposition[47]	Endposition[48]	Dehnübung[49]

[47] https://fitnessuebungen-zuhause.de/wandsitzen.html 11.02.2021

[48] Ebd.

[49] https://www.aktivblog.de/dehnen-der-beinmuskulatur-aber-wie-und-wann/ 11.02.2021

Pinkelnder Hund

Übung zum Trainieren der Po- und Beinmuskulatur

Agonisten	*Synergisten*	*Antagonisten*	*Gelenkaktionen*
Adduktoren M. gluteus maximus M. gluteus medius M. psoas major	M. obliquus externus abdominis M. latissimus dorsi	Abduktoren	Hüftgelenk

Der Sportler befindet sich auf alle Vieren, der Kopf zeigt nach unten, Arme und Beine sind hüftbreit auseinander. Nun hebt er ein Bein seitlich möglichst weit nach oben, ohne den 90°-Winkel im Kniegelenk zu verändern. Diese Position wird gehalten, bevor das Bein in die Ausgangsposition zurückgeht und das andere Bein dran ist.

Ausgangsposition[50]	*Endposition*[51]	*Dehnübung*[52]

[50] https://www.weltbild.de/news/downloads/Lauren_Fit_ohne_Geraete.pdf 11.02.2021

[51] Ebd.

[52] https://de.wikihow.com/Die-inneren-Oberschenkel-dehnen 11.02.2021

Kniebeuge

Übung zum Trainieren der Po- und Beinmuskulatur

Agonisten	Synergisten	Antagonisten	Gelenkaktionen
M. quadriceps femoris	M. erector spinae	Adduktoren	Hüftgelenk
M. biceps femoris	Adduktoren	M. triceps	Kniegelenke
M. gluteus maximus		brachii	Facettengelenke

Der Sportler steht hüftbreit mit leicht nach außen gedrehten Füßen, wobei die Knie und die Zehenspitzen in eine Richtung zeigen müssen. Die Arme werden waagerecht vor dem Körper gehalten. Nun werden die Knie gebeugt, bis die Oberschenkel parallel zum Boden stehen. Der Oberkörper beugt sich hierbei ein bisschen nach vorn. Die Füße bleiben die ganze Zeit am Boden. Diese Position wird kurz gehalten, bis der Sportler in die Ausgangsposition zurückgeht.

Ausgangsposition[53]	Endposition[54]	Dehnübung[55]

---

[53] https://fitnessuebungen-zuhause.de/kniebeuge_squat.html 11.02.2021

[54] Ebd.

[55] https://praxistipps.focus.de/dehnen-nach-dem-krafttraining-diese-uebungen-sind-gesund_106280 11.02.2021

Trizeps Dip

Übung zum Trainieren der Oberarmmuskulatur

Agonisten[56]	Synergisten	Antagonisten	Gelenkaktionen
M. triceps brachii	Unterarmmuskulatur	M. biceps brachii	Ellenbogengelenke
M. anconeus			Kniegelenke
M. deltoideus			Schultergelenke
M. pectoralis major			

Der Sportler sitzt auf einem Stuhl und hält sich rechts und links an der Sitzfläche fest. Dann geht er mit dem Körper nach vorne, bis sein Po nicht mehr den Stuhl berührt. Nun werden die Arme gebeugt, sodass der Po Richtung Boden geführt wird. Der Rücken bleibt die gesamte Zeit gerade.

Ausgangsposition	Endposition[57]	Dehnübung[58]

[56] https://www.fitkurs.de/uebungen/dips.html 11.02.2021

[57] Ebd.

[58] https://www.aufrechte-koerperhaltung.de/dehnung.html 11.02.2021

4. QUELLENVERZEICHNIS

- erweiterter Anamnese-Bogen von Academy of Sports
- http://fin.de/training/uebungen/dehnung-fuer-abduktoren-und-schraege-bauchmuskulatur/
- http://www.hausarbeit-fitnesstrainer-b-lizenz.de/hausarbeit-fitnesstrainer-b-lizenz-7.html
- https://de.qaz.wiki/wiki/Bodybuilding#New_organizations
- https://de.wikihow.com/Die-inneren-Oberschenkel-dehnen
- https://de.wikipedia.org/wiki/Body-Mass-Index
- https://de.wikipedia.org/wiki/Musculus_psoas_major
- https://de.wikipedia.org/wiki/Waist-to-Height_Ratio
- https://fitnessuebungen-zuhause.de
- https://fitnessuebungen-zuhause.de/uebungen_fuer_ruecken.html?page=2
- https://fitness-zwischendurch.de/bauchmuskeln-dehnen-dehnuebungen-koerpervorderseite/
- https://ka2-fitness.de
- https://medizin.plus/wissen/blutdruck-normal#normalwerte
- https://praxistipps.focus.de/dehnen-nach-dem-krafttraining-diese-uebungen-sind-gesund_106280
- https://www.aerzteblatt.de/archiv/23208/Wie-viel-Alkohol-macht-krank-Traegt-Alkohol-zur-Gesundheit-bei
- https://www.aktivblog.de/dehnen-der-beinmuskulatur-aber-wie-und-wann/
- https://www.aufrechte-koerperhaltung.de/dehnung.html
- https://www.cardiosecur.com/de/ihr-herz/fachartikel-rund-um-das-herz/das-gesunde-herz
- https://www.cognifit.com/de/koordination
- https://www.fitkurs.de/uebungen/dips.html
- https://www.ist-hochschule.de/blog/fitness-hype-geht-weiter
- https://www.juhle.de/images/stories/aufwaermuebungen-fitness.jpg
- https://www.mobilesport.ch/assets/lbwp-cdn/mobilesport/files/2013/05/Power-Yoga_41.jpg
- https://www.nu3.de/blogs/fitness/bauchmuskeltraining
- https://www.uni-kassel.de/fb05/fileadmin/datas/fb05/Institut_Sportwissenschaften/AB_Training_und_Bewegung/Studienwerkstatt/StudienwerkstattBewegungsanalyse_Uni_Kassel_Harvard_Step_Test.pdf
- Lehrskripte 1-6 für den Studiengang Fitness von www.academyofsports.de